Ulrich Nersinger

Himmelsstürmer

Ulrich Nersinger

Himmelsstürmer

Ein Blick in die Geschichte des vatikanischen Fußballs

Verlag Petra Kehl
Künzell 2022

Rhönstraße 3, 36093 Künzell
Redaktion: Dr. Petra Kehl
Umschlaggestaltung: Ulrike Christ,
www.christ-communication.de

E-mail: info@verlag-kehl.de

ISBN 978-3-947890-12-5

Inhalt

Vorwort

Was verbindet die Päpste und den Vatikan, das Zentrum der katholischen Kirche, mit dem Sport, und speziell mit dem Fußball?

Überraschenderweise weitaus mehr als vermutet! Der Sport ist im Umfeld der Päpste keine *Terra incognita*, kein unbekanntes Terrain. Der ein und andere Pontifex Maximus war vor seiner Erhebung in das höchste Amt der Kirche sportlich sogar durchaus aktiv gewesen. Und noch im Petrusdienst waren manche von ihnen körperlichen Ertüchtigungen nicht abgeneigt. Viele, sehr viele Beispiele aus der Kirchengeschichte wären anzuführen. Doch ein Blick auf das 20. und 21. Jahrhundert mag stellvertretend genügen.

So fanden zwischen den Jahren 1905 und 1908 im Vatikan Leichtathletik-Meisterschaften statt und römische Pfarreien organisierten sonntags Wettkämpfe in Anwesenheit von Papst Pius X. (Giuseppe Sarto, 1903-1914) im Belvederehof des Apostolischen Palastes. 40 Jahre vor dem Beginn der Paralympics wetteiferten in der Vatikanstadt Sportler mit Behinderungen um den Sieg. Im September 1908 traten Sportler mit Prothesen bei Kurzstreckenläufen an. Unter den Teilnehmern der Wettbewerbe waren gehörlose Leichtathleten, und neun blinde junge Männer aus dem Institut *Sant'Alessio* hatten sich zum Hochsprung-Wettkampf angemeldet.

Papst Pius X. und sein Kardinalstaatssekretär Raffael Merry del Val waren oft Zuschauer, die mit großem Interesse die Sportereignisse verfolgten und bisweilen auch Prämien und Auszeichnungen an die Gewinner übergaben. Wer den Papst, den ehemaligen Patriarchen von Venedig, empört fragte, wohin das noch führen sollte, wenn die leichtbekleideten Sportler in den Vatikanischen Gärten ihre Runden drehten, der erhielt im venezianischen Dialekt zur Antwort: „Mein Lieber, ins Paradies!".

Der *Osservatore Romano*, die Zeitung des Papstes, berichtete wie ein echtes Sportjournal über die Wettkämpfe. Er veröffentlichte Ranglisten, kommentierte die Wettkämpfe, erteilte über Verletzungen Auskunft und interviewte die teilnehmenden Sportler. Er gab Hinweise zum Ablauf für die Athleten sowie für die Schweizergarde und die Päpstliche Gendarmerie, die mit ihren Musikkapellen abwechselnd die Sportler empfingen. Die Zeitung des Heiligen Vaters kümmerte sich zudem um die Weitergabe von Informationen an die übrige Presse.

Pius XI. (Achille Ratti, 1922-1939) galt vor seiner Berufung in die Nachfolge Petri als ein passionierter Bergsteiger, der sogar Erstbesteigungen vorweisen konnte und eine nicht unbedeutende Zahl alpinistischer Schriften verfasst hatte, von denen er später lächelnd erzählte, sie seien vermutlich von mehr Menschen gelesen worden als seine Enzykliken (päpstliche Rundschreiben). Die Qualitäten eines Bergsteigers bestimmten sein Leben, seinen starken und entschlossenen Charakter. Alpenvereine und Bergsteigervereinigungen in aller Welt bedachten den Papst mit zahlreichen Auszeichnungen — und auch Benennungen. In Chile wurde der größte Gletscher Patagoniens nach Pius XI. benannt: *El Glaciar Pio XI.*

Sein Nachfolger, Pius XII. (Eugenio Pacelli, 1939-1958), hatte sich in seiner Jugend zwei Sportarten verschrieben: dem Schwimmen und dem Reiten. Dem Reiten huldigte Eugenio Pacelli noch als Apostolischer Nuntius in Deutschland. In ihren Erinnerungen notierte seine Haushälterin Schwester Pascalina Lehnert: „Durch einen glücklichen Zufall wurde es ihm — zwar nur sehr selten — möglich, in Eberswalde auf einem herrlichen Pferde die Wälder zu durchstreifen. Deutlich erinnere ich mich an Nuntius Pacelli im Reitanzug, der ihm ganz vortrefflich stand. In Berlin war es auch, wo man ihm ein Sportgerät, ein elektrisches Pferd, schenkte, das alle Bewegungen eines galoppierenden Pferdes machte. Doch hat er es als Kardinalstaatssekretär sowie als Papst wohl keine zehnmal benützt, nicht weil es ihm nicht gefallen hätte, sondern weil ihm die Zeit fehlte".

In einer Ansprache an die *Katholische Aktion* sagte Pius XII.: „Es irrt, wer der Kirche vorwirft, sie kümmere sich nicht um den Leib und die Leibesübungen, wie auch der, welcher ihre Zuständigkeit und ihr Wirken auf ‚rein religiöse' Dinge einschränken möchte. Als ob der Leib, gleichermaßen Schöpfung Gottes wie die Seele, mit der er verbunden ist, nicht Anteil an der Huldigung des Schöpfers haben müsste! ‚Ob ihr esst, ob ihr trinkt, ob ihr etwas anderes tut, tut alles zur Ehre Gottes' (1 Kor 10, 31). Paulus spricht hier vom leiblichen Tun; der Sport erscheint in den Worten: ‚ob ihr etwas anderes tut.' Manchmal spricht er sogar ausdrücklich davon; er spricht von Rennen und von Wettkämpfen nicht mit Worten der Kritik oder des Tadels, sondern als Kenner, der sie christlich erhebt und adelt."

Auf Pius XII. folgten zwei Päpste — Johannes XXIII. (Angelo Giuseppe Roncalli, 1958-1963) und Paul VI. (Giovanni Battista Montini, (1963-1978) — , die selber keinen Sport ausgeübt hatten. Dem Sport an sich zeigte sich der Montini-Papst jedoch aufgeschlossen. So startete am 16. Mai 1974 vom Damasushof des Apostolischen Palastes aus der *Giro d'Italia*. Fotografien zeigen einen ungewöhnlich gelösten und fröhlichen Paul VI., der mit einer Flagge den Startschuss zu dem berühmten Rennen auf den Straßen Italiens — und des Vatikans — gab.

Im vatikanischen Gendarmeriekops entstand eine *sezione ciclistica* („Radsport-Sektion"). Sie konnte im Jahre 2007 zwei Top-Fahrer — Federico Pieri und Carlo Albanesi — präsentieren, die sich bei internationalen Radrennen mehr als nur einmal hervortaten. Bei diversen Wettkämpfen konnten sie Plätze vor Kanada, Großbritannien, Österreich und der Schweiz erringen.

Seit den Siebziger Jahren des vergangenen Jahrhunderts ist Tennis im Vatikan heimisch. Er gehört zu den beliebtesten Sportaktivitäten im Kirchenstaat und wird von Klerikern wie Laien mit großer Leidenschaft gespielt. 1977 entstand im Norden der Vatikanstadt ein eigener Tennisplatz. Ein Jahr später wurde erstmals ein *torneo dell'amicizia,* ein „Freundschaftsturnier", ausgerichtet.

Am 21. Juni 1978 brachte der *Corriere dello Sport* zu einem Match die überrasschende Nachricht: *„Una* *guardia svizzera ferma il monsignore* — ein Schweizergardist bremst den Monsignore aus". Der Schweizergardist war der heutige Alt-Major Peter Hasler, eine Legende des vatikanischen Tennis; seinen Gegner, Mgr. Faustino Sainz Muñoz, den späteren Apostolischen Nuntius in Großbritannien, bezwang er 6:2 und 6:2. Respekt unter den Tennisspielern im Vatikan erwarb sich auch ein Kurienerzbischof: Mgr. Paul Casimir Marcinkus.

Die größten sportlichen Leistungen im Kirchenstaat konnte ein Judokämpfer vorweisen. Pio Gaddi, ehemals Träger der päpstlichen Sänfte und dann Mitarbeiter in der Regierungsbehörde des Vatikanstaates, errang je vier Titel auf italienischer und internationaler Ebene. Als Kampfrichter bei internationalen Judokämpfen erwarb er sich hohes Ansehen; erstmals trat er 1958 an, bis er sich 1989 nach 70 Europameisterschaften, 15 Weltmeisterschaften und vier Olympiaden von dieser Aufgabe verabschiedete. Gaddi unterrichtete bis 1990 die Schweizergardisten, die päpstlichen Gendarmen und die Aufseher der Vatikanischen Museen in dem Kampfsport.

Als jüngste Sportart hat Cricket im Vatikan Einzug gehalten. Der australische Botschafter beim Heiligen Stuhl, John McCarthy, sprach von einem „außergewöhnlichen Ereignis". Man wolle dem Papst beweisen, „dass es außer Fußball auch noch einen anderen Sport gäbe", scherzte der Diplomat. Die für südliche Gefilde eher ungewohnte sportliche Betätigung hat im Kirchenstaat jedoch zunächst für mehr Spott als Begeisterung gesorgt. „Für Langeweile ist im Vatikan auch andersweitig gesorgt", kommentierte der Mitarbeiter einer Kongregation die Neuigkeit.

Im Juli 2018 konnten die vatikanischen Medien berichten, dass das päpstliche Cricketteam während des vierten ökumenischen und interreligiösen Turniers *Licht und Glauben* eine Partie auf königlichem Boden bestritten habe. In Anwesenheit von Königin Elisabeth II. von England spielte es bei Schloss Windsor gegen den *Royal Household Cricket Club*.

2019 gab der Vatikan die Gründung eines eigenen Sportvereins bekannt. Das Team *Athletica Vaticana* besteht aus rund 60 Vatikanmitarbeitern. „Sport, Kultur, Religion und Ethik gehören zusammen", sagte der Leiter des päpstlichen Kulturrates, Kurienkardinal Gianfranco Ravasi, und verurteilte Doping, Rassismus und einen „Verfall der Ethik" im Sport. Dem wolle man seitens des Vatikans etwas entgegensetzen. Bei der Vorstellung des Vereins informierte der Vatikan über ein Abkommen des Heiligen Stuhles mit dem Nationalen Olympischen Komitee Italiens *CONI*. Die Kooperation mit dem italienischen Sportdachverband ist für die Teilnahme des Vatikan-Teams an Wettkämpfen wichtig. Zudem sei damit eine Olympia-Teilnahme des Vatikan-Teams nicht ausgeschlossen.

Fußball

Seit Jahrtausenden im Gespräch

Der erste Fußball dürfte schon lange vor Christi Geburt in China gerollt sein. Schon damals war er aus Leder, aber noch nicht so rund wie in unseren Tagen. Doch man trug bereits Turniere mit ihm aus. Es wird davon berichtet, dass im Reich der Mitte selbst die Kaiser bei derartigen Wettkämpfen zuschauten und sich an den Spielen erfreuten. Bereits zu Beginn der Huang-Dynastie gab es das *Ts'uh-küh* („den Ball mit dem Fuß stoßen").

Vom ersten Jahrhundert nach Christi an kennt man in Rom ein Mannschaftskampfspiel, *Harpastum* genannt, das bald im ganzen Römischen Reich Verbreitung und begeisterte Anhänger fand. Historiker sprechen von einem „Raufballspiel", da es in schriftlichen Zeugnissen oft zusammen mit Ringkämpfen genannt wird. Bei den Soldaten des römischen Heeres muss es sich großer Beliebtheit erfreut haben. In besetzten Gebieten wurde es auch gegen die dortigen Einwohner gespielt — aus dem 3. Jahrhundert weiß man um

Partien römischer Legionäre gegen Briten in der Gegend von Derby.

Der frühchristliche Kirchenschriftsteller Clemens von Alexandrien († vor 215/16) gestand in seinem Werk *Paidagogos* (Drittes Buch, X. Kapitel) zu, dass „man für die vernunftgemäß Lebenden auch Leibesübung zulassen müsse". Er schrieb von dem Bestreben, seinen Körper zu üben, vor allem im Freien mit einem Ball das Phaininda-Spiel zu betreiben, das wohl mit dem *Harpastum* gleichzusetzen ist. Der in Speyer ansässige Verein *Hetairoi* (griech. Gefährten), der sich einer historischen Darstellung der Lebensumstände im antiken Griechenland von der späten Archaik bis zum Hellenismus verschrieben hat, glaubt aus den spärlichen Nachrichten zu dem antiken Phaininda-Spiel Folgendes schließen zu können:

- Es spielten zwei Mannschaften gegeneinander
- Gespielt wurde mit einem oder mehreren kleinen Bällen
- Der Mitte des Spielfelds kam in irgendeiner Weise eine besondere Bedeutung zu
- Das Abspielen des Balles war Teil des Spiels
- Die Eroberung des Balles konnte äußerst brutal von statten gehen.

Vom 7. bis 11. Jahrhundert entstanden fußballähnliche Spiele in der Normandie, der Bretagne und auf den Britischen Inseln. Diese Form der Unterhaltung dürfte aber nichts für zartbesaitete Seelen gewesen sein und eine beträchtliche Reihe von Opfern gefordert haben. 1313 wurden sie von König Eduard II. von England unter Androhung von Gefängnisstrafen verboten. In britischen Pubs kursiert bei munteren Runden noch heute die Behauptung, dass damals einheimische „Spieler" mit dem Totenschädel eines gefallenen dänischen Soldaten in pietätloser Weise vor sich her gekickt hätten.

Das Ziel bei den frühen Varianten des Fußballspiels war es, einen mit Heu ausgestopften Lederball gegen eine verteidigende Mannschaft durch einen Pass (z. B. ein Stadt- oder Burgtor) zu treiben. „Sie tun das, indem sie ihn am Boden entlang schlagen und rollen, und das nicht mit ihren Händen, sondern mit ihren Füßen", berichtet ein Chronist.

Am Chorgestühl der Kathedrale von Gloucester (14. Jahrhundert) findet sich eine Darstellung des Fußballspiels in Form einer kostbaren Schnitzerei. In den Statuten des St. John's College in Oxford (1555) und in den Annalen von Cambridge (1579) taucht der Fußball als *pila pedalis* beziehungsweise als *to play a foteball* auf.

Zu literarischen Ehren kam das Fußballspiel durch den englischen Dichterfürsten und mutmaßlichen Katholiken William Shakespeare, so unter anderem in dessen Stück *König Lear*. In der *Komödie der Irrungen* beklagt sich Dromio: „Bin ich so rund mit Euch, als Ihr mit mir, dass Ihr mich wie 'nen Fußball schlagt und stößt? Der stößt mich hin, er her, so stößt mich jeder, bleib' ich bei Euch in Dienst, näht mich in Leder!"

Die Wurzeln unseres modernen Fußballs sind mehr als zweieinhalb Jahrhunderte später im England des 19. Jahrhunderts auszumachen. 1848 legten Studenten der Universität Cambridge die ersten Fußballregeln fest. 1857 wurde mit dem *FC Sheffield* der erste offizielle Fußballverein der Welt aus der Taufe gehoben. Auf dem europäischen Festland vermochte sich der Fußball zuerst in der Schweiz durchzusetzen. Engländer, die an dortigen Privatschulen studierten, führten ihn in der Eidgenossenschaft ein.

Ein erster Beleg für ein Fußballspiel, das in Deutschland nach offiziellen Regeln gespielt wurde, nennt als Ort der Austragung Lüneburg und datiert aus dem Jahr 1875. Das Spiel war wie in England zunächst im rein akademischen Milieu angesiedelt; erst später wurde es zu einem beliebten Volkssport.

Im Jahre 1900 bekam der Fußball mit Gründung

des Deutschen Fußball-Bundes in Deutschland einen übergeordneten Verband. 1904 fand in Paris die Gründung eines Weltverbandes, der *Fédération Internationale de Football Association* (FIFA), statt. 1930 wurde die erste Fußball-Weltmeisterschaft in Uruguay ausgetragen. Der europäische Fußballverband *UEFA* wurde 1954 in Basel gegründet; seine erste Meisterschaft fand 1960 statt.

Fußball im Vatikan

Die Anfänge

Eine Geschichte des vatikanischen Fußballs ist noch nicht geschrieben worden. Eine erste Spur führt wohl ins frühe 16. Jahrhundert. Im späten Mittelalter machte der *calcio fiorentino*, der „Florentiner Fußball", von sich reden. Mit ihm trat dann auch erstmals, so bezeugen es offizielle Urkunden, der Vatikan „aufs Spielfeld". 1521 fand eine Partie im Belvederehof des päpstlichen Palastes statt — vom Borgiaturm aus verfolgte Papst Leo X. (Giovanni de' Medici, 1513-1521), ein gebürtiger Florentiner, das Spiel. Der Bruder des Heiligen Vaters, Piero de' Medici, war ein begeisterter *calciante* (Spieler) in seiner Heimatstadt gewesen.

Das Spiel war in Florenz ursprünglich allein den obersten Adelsschichten vorbehalten; man spielte es in Livree oder im Kostüm, daher auch die Bezeichnung *calcio di livrea / di costume*. Für die Historiker steht heute mit großer Wahrscheinlichkeit fest, dass sich drei Päpste in ihrer Jugend am *calcio fiorentino* beteiligt haben, allesamt Florentiner: Zwei von ihnen waren Mitglieder der Familie der Medici (Klemens VII., 1523-1534, und Leo XI., 1605), einer gehörte dem Adelsgeschlecht der Barberini an (Urban VIII., 1623-1644).

Der *calcio fiorentino* war ein Sport, der mit harten Bandagen betrieben wurde. In manchen Vorgehensweisen erinnerte er mehr an das heutige Rugby als an das uns vertraute Fußballspiel. Ein Regelwerk schuf ein gewisser Giovanni Bardi erst im Jahre 1580. Der *calcio* wurde vor allem in der Karnevalszeit gespielt, aber auch zu besonderen staatstragenden Ereignissen. Als Cosimo I. de' Medici als Großherzog der Toskana die Herrschaft antrat, wurde zu seinen Ehren in der Ewigen Stadt, in den Thermen des Diokletian, von den in Rom lebenden florentinischen Adeligen eine Partie dargeboten; die Gewinner erhielten eine Prämie aus den Händen des Kardinals Ferdinando de' Medici.

Von dem Fußball ähnlichen Spielen im Vatikan ist in den folgenden Jahrhunderten nichts bekannt. Man weiß jedoch, dass Papst Pius IX. (Giuseppe Maria Mastai Ferretti, 1846-1878), als er noch dem römischen *Ospizio San Michele*, einer großen Sozialeinrichtung der Päpstlichen Staaten, als Leiter vorstand, den dort lebenden Jugendlichen und jungen Männern Ballspiele erlaubte. Die Anschaffung der Bälle hatte der künftige Papst mit Geldern aus seiner Privatschatulle ermöglicht.

Im späten 19. Jahrhundert fanden erstmals wieder sportliche Darbietungen in den Höfen des Apostolischen Palastes statt. Zu den Festlichkeiten aus Anlass des fünfzigjährigen Priesterjubiläums des Papstes Pius X. (Giuseppe Sarto, 1903-1914) gab es am 26. September 1908 eine besondere Audienz: Zweitausend Sportler, die aus Italien, Frankreich, Belgien, Holland und Kanada zum *Internationalen Katholischen Sportkongress* in die Ewige Stadt gekommen waren, brachten dem Pontifex im Belvederehof spielerische „Huldigungen" dar.

„Fußballmäßig" bedeutsam wurde das Pontifikat Pius' XII. (Eugenio Pacelli, 1939-1958). Im Heiligen Jahr 1950 wohnte der Papst auf dem Petersplatz verschiedenen Ballspielen der *Katholischen Jugend* bei und empfing auch die Fußballspieler unter ihnen. Bereits 1948 war es zu Sonderaudienzen für die Clubs von Lucca und Neapel gekommen. Im Heiligen Jahr kündigte John E. Swift namens der US-amerikanischen Columbus-Ritter dem Papst die Errichtung eines ihm gewidmeten Sportkomplexes im römischen Stadtviertel Primavalle an; im Juni 1952 konnte der New Yorker Erzbischof Francis Kardinal Spellmann dessen Segnung vornehmen. Dank des italienischen

Sportzentrums CSI (*Centro Sportivo Italiano*) und des Erzbischofs von Genua, Giuseppe Siri, entstand 1956 in Genua ein Stadion, das vornehmlich dem Fußball diente. Aus Anlass des 80. Geburtstags des Papstes wurde es nach Pius XII. benannt.

Paul VI.

Ein unerwarteter Förderer des Fußballsports

In seiner Jugend verfügte Paul VI. (Giovanni Battista Montini, 1963-1978) über eine schwache Gesundheit. Anstrengende körperliche Tätigkeiten wurden ihm untersagt. Die Ärzte hatten einen Herzfehler diagnostiziert, der dann jedoch wieder verschwand. Gesundheitliche Beschwerden aber blieben. Das Fußballspiel war für ihn keine Option.

Für das Spiel und die Spieler jedoch hatte er offene Ohren. Manchmal aber standen Begegnungen von Fußballern mit dem Oberhaupt der Katholischen Kirche nicht unter einem guten Stern.

So berichtete das Fußball-Magazin *11freunde*: „Die Erfahrung, dass eine Audienz beim Papst durchaus mit sportlichem Misserfolg verknüpft sein kann, musste die deutsche Nationalmannschaft von 1967 machen. Im letzten Spiel der EM-Qualifikation gegen Albanien kam die Elf um Günter Netzer nicht über ein 0:0 hinaus. Die ‚Schmach von Tirana' bleibt in Erinnerung. Sie besiegelte das erste und bisher einzige Mal, dass Deutschland sich nicht für eine Endrunde qualifizierte. Nur mussten Frust, Trauer und Heimkehr noch ein wenig aufgeschoben werden: In freudiger Erwartung auf Sieg und Endrundenteilnahme hatte der DFB für die Rückreise eine Audienz bei Papst Paul VI. organisiert."

Unter Paul VI. fand der Fußball im kleinsten Staat der Erde definitiv eine Heimstatt und Organisation. Unter den Fußballpionieren des Vatikans sind die Schweizergardisten zu erwähnen. Schon 1924/25 gab es eine Art *FC Guardia Svizzera*. Offiziell begründet wurde der *FC Guardia Svizzera* jedoch erst im Jahre 1975 von Roman Fringeli. Als ältestes päpstliches Fußballteam sehen sich die Spieler der Vatikanischen Museen. In den 70er Jahren reifte im Staat des Papstes der Entschluss heran, eine eigene vatikanische Fußball-Liga aufzustellen. Und sie kam auch zustande. Seitdem kämpfen unter anderen die Schweizergarde, die vatikanische Gendarmerie, Mitarbeiter von Radio Vatikan sowie Angestellte der Vatikanischen Museen und des *Osservatore Romano* regelmäßig um einen Pokal. Sergio Valcio, Mitbegründer der Liga, erklärte damals: „Wir mussten etwas für die körperliche Fitness der Vatikanmitarbeiter tun. Außerdem wollten wir das Gemeinschaftsgefühl unter den Angestellten fördern".

Johannes Paul II.

Von Jugend an mit dem „Ball“ vertraut

Johannes Paul II. (Karol Wojtyla, 1978-2005) war ein bekennender und leidenschaftlicher Fußballfan und hatte in seiner Jugend in seinem Geburtsort Wadowice dem Fußball gehuldigt. In seiner Heimatstadt gab es das *Marianum*, eine Schule der Ordensgemeinschaft des hl. Vinzenz Pallotti. Der Papst erzählte des öfteren, dass er als Jugendlicher zusammen mit den Pallottiner-Schülern Fußball gespielt habe.

Während seines Deutschlandbesuchs feierte Papst Johannes Paul II. am 2. Mai 1987 im voll besetzten Gelsenkirchener Parkstadion eine Messe; bei dieser Gelegenheit verlieh ihm der Fußballclub *Schalke 04* eine ungewöhnliche Auszeichnung. Schalkes Vereinslegende Karl-Heinz „Charly“ Neumann hatte sich vor 100.000 Zuschauern an den Bodyguards vorbeigekämpft und dem überraschten Pontifex mitgeteilt: „Ich ernenne Sie zum Ehrenmitglied unseres Vereins.“ Der Papst lächelte und erhielt die Mitgliedsnummer 00800200. Ehrenmitglied wurde der Papst auch beim *FC Barcelona* und bei *Real Madrid*.

1993 stellte man, bedingt durch Spielermangel, bei den meisten Turnieren und Meisterschaften in der Vatikanstadt auf *calcetto* (Mini-Fußball) um. Bei dieser Variante des Fußballs spielen fünf Mann gegen fünf Gegner auf einem kleineren Feld. „Länderspiele" sind äußerst selten. 1994 traf der Vatikan auf ein Team der Republik San Marino. Der Endstand des Spieles lautete: „Unentschieden". Und einmal gab es sogar eine denkwürdige Begegnung des Vatikans mit einer italienischen Auswahlmannschaft. 4:1 ging die Partie aus! „Das lag an unseren besseren Beziehungen nach oben", kommentierte der vatikanische Trainer den unerwarteten Sieg.

Im Jubiläumsjahr 2000 hatte sich Johannes Paul II. zur Heilig-Jahr-Feier der Sportler ins römische Olympiastadion begeben. Nach einer heiligen Messe wohnte der Papst einem Spiel zwischen der italienischen Fußball-Nationalmannschaft unter deren Trainer Giovanni Trapattoni und einer „All Stars"-Elf der in Italien spielenden ausländischen Profis bei. Der Papst beobachtete die Partie von einem Thronsessel auf der Ehrentribüne aus; neben ihm hatte IOC-Präsident

Juan Antonio Samaranch Platz genommen. Beide sahen ein eher nervöses Fußballspiel, bei dem die beiden Torhüter mit herausragenden Leistungen dafür sorgten, dass es am Ende 0:0 hieß (Mit Rücksicht auf den Papst hatte man die Spielzeiten auf je 30 Minuten verkürzt).

Am Vortag hatte Johannes Paul II. an einem Kongress von 4.000 Aktiven und Funktionären im Vatikan über die Bedrohungen des Sports durch Kommerzialisierung und Doping teilgenommen. Dabei äußerte sich der Papst kritisch über die Entwicklung des Sports, dessen ethische Grundwerte er zunehmend bedroht sehe. Angesichts von Doping-Skandalen und wachsender Kommerzialisierung warnte der Papst vor einem „Sport, der den Körper ruiniert" und „allein auf den Profit zielt", der die Menschen spalte, anstatt sie zu einen. Auch mahnte er an, wegen Sportveranstaltungen den Kirchgang am Sonntag nicht zu vernachlässigen.

Was den *FC Guardia* betrifft, so heißt es im Jahresbericht der Garde zum Heiligen Jahr : „So mussten wir zum Beispiel verschiedenen Mannschaften, welche gegen uns gern ein Freundschaftsspiel ausgetragen hätten, absagen oder sie auf das kommende Jahr vertrösten. Vor allem Vereine aus Österreich,

Deutschland und natürlich aus der Schweiz verbinden gerne eine Vereinsreise nach Rom mit einem Fußballspiel“ (Wachtmeister Frowinn Bachmann). Aber es gelang „auch in diesem Jahr an der vatikanischen ‚Calcetto-Meisterschaft‘ (fünf gegen fünf) teilzunehmen“.

Dazu vermeldete der Jahresbericht: „Da unsere Stammformation aus dienstlichen Gründen nur selten antreten konnte, und die Mannschaft immer wieder neu zusammengesetzt werden musste, zum Teil auch mit weniger talentierten Elementen, war für uns kein Platz in den vorderen Rängen in Aussicht. Von 16 teilnehmenden Mannschaften beendeten wir die Meisterschaft auf dem neunten Rang. Was wir aber auch in diesem Jahr wieder erobern konnten, war der Fairplay Pokal.“

Im Jahre 2000 feierte man auch das 100-Jahr-Jubiläum von *Lazio Roma*. Bei einer Audienz, die Johannes Paul II. dem Verein gewährte, gab der Papst dem Club die Ermahnung mit auf den weiteren Weg, der Fußballsport müsse den Charakter eines „gesunden und entspannenden Vergnügens“ bewahren.

Am 12. Dezember 2003 wurde unter Federführung des Anwalts Luc Misson die *NF Board* gegründet. Die neue Organisation wollte Regionen und Kleinstaaten, die von der *FIFA* aus verschiedensten Gründen nicht aufgenommen wurden, in einen eigenen Weltfußball-Verband zusammenführen. Der Vatikan war von Anfang an als potentielles Mitglied der „Mini-FIFA" ins Auge gefasst worden. Doch der Vatikanstaat musste bisher leider passen. Die Nationalspieler hätten alle die Staatsbürgerschaft des Vatikans vorweisen müssen. Und diese besaßen in der Regel nur die Schweizergardisten.

Das Kommando der Garde musste zu seinem Leidwesen mitteilen, dass es aus dienstlichen Gründen unmöglich sei, elf oder mehr Leute auf längere Zeit hierfür freizustellen. Dennoch hat man es noch nicht aufgegeben, dem neuen Verband beizutreten. „Wir verfügen weiterhin über gute Kontakte zu der Organisation", heißt es von vatikanischer Seite. „Es reizt uns schon, einmal für den Heiligen Vater auf internationalem Parkett aufzuspielen, denn gewinnen können wir sicher".

Sebastian Kehl und Christoph Metzelder, Spieler des Fußball-Bundesligisten *Borussia Dortmund* (BVB), überreichten Papst Johannes Paul II. im Januar 2005 eine Urkunde, die ihn *honoris causa* bei *Borussia Dortmund* aufnahm. Die beiden Fußballer zeigten sich nach der Begegnung in der Audienzhalle des Vatikans bewegt und beeindruckt. „Als Katholik bedeutet mir dieser Besuch beim Papst sehr viel. Was wir erlebt haben, hebt sich sehr von dem ab, was uns alltäglich im Rummel des Profigeschäftes begegnet", sagte Sebastian Kehl.

Benedikt XVI.

„Und Sie sind Brasilianer?"

Von Benedikt XVI. (Joseph Ratzinger, 2005-2013) ist bekannt, dass er sportlichen Disziplinen nicht gerade mit großem Engagement zugetan ist. Dennoch gab es Beziehungen zum Fußball-Sport. Schon kurz nach seiner Wahl fanden emsige Reporter heraus, dass der ehemalige Fußball-Weltmeister Paul Breitner mit dem Heiligen Vater verwandt ist. Eine Frau, die über verwandtschaftliche Bande mit dem Großvater Paul Breitners verfügte, hatte den Bruder des Großvaters von Joseph Ratzinger geheiratet. Breitner hat von der Verwandtschaft zum Papst gewusst, die Kenntnis darüber aber für sich behalten (Herausgekommen war die Verwandtschaft durch eine Erbschaftsangelegenheit. Ein Nachlassgericht hatte jahrelang die Erben der alleinstehenden Barbara Anna Huber gesucht, die 1995 gestorben war. Es ging um ein Erbe von 250.000 Mark. Huber war die Enkelin von Johann Ratzinger, dem bereits genannten Bruder von Joseph Ratzingers Großvater).

Im Juni 2005 wurde im Studienseminar St. Michael in Traunstein (Erzdiözese München-Freising) ein *Papst-Benedikt-Pokal* gestiftet. Am Samstag, den 9. Juli 2005, maßen Ministrantenmannschaften aus den Orten der Kinder- und Jugendzeit des aus Bayern stammenden Pontifex ihre Kräfte: Marktl (Geburtsort), Tittmoning (frühe Kindheit), Aschau (Grundschule), Surberg (Wohnort während der Jugendzeit), Traunstein St. Oswald (Heimatpfarrei) und das Erzbischöfliche Studienseminar St. Michael (Gymnasium). Sieger des Wanderpokals wurde das Studienseminar; im Endspiel besiegte es Marktl mit 4:0.

Beim XX. Weltjugendtag in Köln (August 2005) traf Papst Benedikt XVI. mit der Fußballlegende Pelé zusammen. Als der Brasilianer dem Heiligen Vater vorgestellt wurde, fragte der Papst: „Und Sie sind Brasilianer ...?“ Erst der Hinweis eines Nebenstehenden offenbarte Papst Benedikt, dass er soeben mit dem besten Fußballer der Welt sprach. Der damals 65-jährige Pelé gewann mit Brasilien drei Weltmeistertitel und wurde 1999 vom Internationalen Olympischen Komitee zum Sportler des Jahrhunderts gewählt. Der gläubige Katholik zeigte sich vom Weltjugendtag in Köln begeistert: „Es ist wunderbar, dass ich hier sein darf. Für mich ist es eine große Ehre, an diesem Fest der Jugend teilnehmen zu dürfen". Seine Fans umjubelten den unvergessenen ehemaligen Fußballprofi in den Straßen der Domstadt. Pelé nahm auch am Abschlussgottesdienst des Heiligen Vaters auf dem Marienfeld teil.

Im September 2005 durften Kinder Papst Benedikt XVI. im Rahmen einer Generalaudienz ihre Fußballkünste vorführen. Dem Fußballspiel auf dem Petersplatz wohnten 26.000 Gläubige bei. Neben zahlreichen Jugendlichen aus mehreren Ländern war auch eine Delegation der *UEFA* zugegen, deren Exekutive in Rom tagte. Bei der Generalaudienz sprach der Papst auch über die Bedeutung des Sports im Allgemeinen; er sei ein wichtiger Aspekt der Erziehung und ein Weg, menschliche und geistliche Werte zu vermitteln. Der Sport solle dazu beitragen, den gegenseitigen Respekt zwischen den Menschen zu fördern und die Solidarität unter Völkern und Kulturen zu stärken.

Nach der Audienz wurden dem Papst WM-Chef Franz Beckenbauer, OK-Vize Wolfgang Niersbach und Ex-Teamchef und WM-Botschafter Rudi Völler vorgestellt. Franz Beckenbauer überreichte seinem Landsmann einen WM-Wimpel: „Der Papst hat uns alles Gute gewünscht und will sich die wichtigsten Spiele anschauen".

48,7 Sekunden habe die Begegnung gedauert, fand *Radio Vatikan* heraus. Im Interview mit dem deutschen Programm des päpstlichen Rundfunksenders gestand der „Kaiser": „Für mich ist es natürlich ein unvergessliches Erlebnis. Das ist der Höhepunkt in meinem Leben ... Nachdem ich ja christlich und katholisch erzogen bin und mein Gedanke ja ständig nach oben gerichtet ist. Ich hab' mich natürlich wahnsinnig gefreut auf diesen Moment." Auf die Frage von *Radio Vatikan*, ob er dem Papst vorgeschlagen habe, mit einer Mannschaft des Vatikans an der Weltmeisterschaft teilzunehmen, antwortete Franz Beckenbauer mit einem von herzhaftem Lachen begleiteten „Naaa!".

Ja, er sei ein *tifoso* (Fußballfan), gab hingegen der Staatssekretär des Papstes, Kardinal Tarcisio Bertone, zu. Im ballbegeisterten Italien kannte man Bertone nicht nur als Mann der Kirche; in der Vergangenheit hatte er für den Rundfunk und das Fernsehen Spiele seines Lieblingsteams *Juventus Turin* kommentiert. „Ich glaube, der Regisseur dieses großen Spiels ist Gott, der uns die Fähigkeit gibt, unsere Möglichkeiten und unsere Talente einzubringen", betonte der Kardinal in einem Interview. Die damalige „Nummer Zwei" des Vatikans gilt auch als Initiator des *Cle-*

ricus-Cup, einer kirchlichen Fußballmeisterschaft, in der sich Seminaristen und junge Priester in Rom miteinander messen.

Der Purpurträger durfte ein ganz besonderes Geschenk entgegennehmen: ein Paar Fußballschuhe in den vatikanischen Farben Gelb und Weiß, bestickt mit den päpstlichen Insignien, einer „10" für den Spielführer und dem in Gold gewirkten Namenszug „Bertone". Die Sonderanfertigung wurde dem Kardinalstaatssekretär von Adriano Stefanelli, einem bekannten Schuhdesigner aus dem norditalienischen Novara, überreicht.

Auf die Frage, ob er glaube, dass der Kardinalstaatssekretär die ihm gewidmeten Fußballschuhe auch einmal tragen werde, antwortete Adriano Stefanelli mit einem Lächeln: „Ich vermute nicht, sie sind vielmehr ein symbolisches Geschenk". Aber wenn der Kardinal möchte, könne er durchaus mit ihnen aufs Spielfeld laufen, denn sie seien nach Maß gefertigt. „Und zwar in Schuhgröße 42", verriet Stefanelli.

Kardinalstaatssekretär Tarcisio Bertone begründete 2007 die Fußballmeisterschaft um den *Clericus Cup*. Bei dem Wettbewerb treten bis heute 16 Mannschaften gegeneinander an. Spielberechtigt ist ein Spieler als Ordensmann oder Novize einer in der Ewigen Stadt ansässigen päpstlich anerkannten Ordensnie-

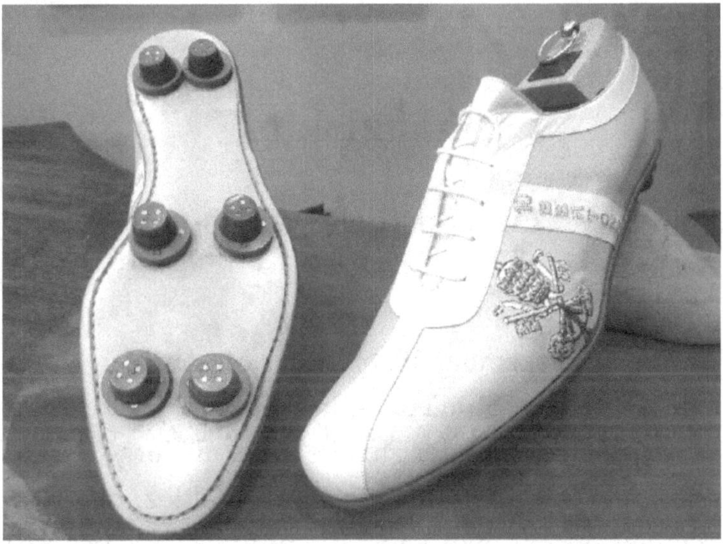

Die Fußballschuhe des Kardinals

Bildquelle: Stefanelli

derlassung oder als Absolvent bzw. Seminarist des Päpstlichen Römischen Priesterseminars oder eines anderen päpstlichen Priesterkollegs in Rom.

Franziskus

Ein päpstlicher Tifoso

Am 17. Dezember 1936, in der Membrillar Nummer 531, einem Straßenzug in Flores im Herzen von Buenos Aires, kam der Heilige Vater als Jorge Bergoglio zur Welt. Der Musiker Mario Valdez, der 1948 gemeinsam mit dem Papst die fünfte Klasse besuchte, erzählte der *Katholischen Nachrichtenagentur* (KNA): „Rechts, an der Ecke, wo heute ein kleiner Spielplatz ist, da hat der Papst als kleiner Junge jeden Nachmittag gekickt. Literatur und Fußball, das waren seine Leidenschaften — in der Reihenfolge."

Schon früh wurde Jorge Bergoglio Anhänger des Stadtclubs *San Lorenzo;* noch heute besitzt er einen Mitgliedsausweis mit der Nummer 88235.

Vom 19. bis 21. Oktober 2013 statteten 12 Mitglieder des *FC Guardia* der bayrischen Landeshauptstadt München einen Besuch ab. Nach der Ankunft am Franz-Josef-Strauß-Flughafen legte man, gestärkt von Weißwürsten und Bier, in der Allianz-Arena einen ersten Halt ein. Es gab eine Führung durch das Stadion und die Gelegenheit, das Bundesligaspiel *FC Bayern München — FSV Mainz 05* aus nächster Nähe mitzuverfolgen. Am zweiten Tag der Reise besichtigte der *FC Guardia* das Auslauf-Training der Bayern-Stars auf der vereinseigenen Sportanlage. Dort gelang es den Gardisten Fotos und Autogramme von Robben, Alaba und Neuer zu erhalten. Mit deren Trainer Pep Guardiola konnten sie sogar einige Worte wechseln.

Als man 2016 um den 43. Meistertitel des Vatikan-Fußballs kämpfte, bekannte Orlando Cetta von den *Santos*, einem Team aus Angestellten des Supermarktes und der Tankstelle gegenüber *Radio Vatikan*: „Mir geht es hier vor allem um die Bewegung, um mich außerhalb der Arbeit auszupowern. Auch möchte ich die Kollegen einmal außerhalb der Arbeit treffen, mich austauschen und einmal eine Pizza essen, in der berühmten ‚dritten Halbzeit' nach dem Spiel".

Insgesamt traten bei der Meisterschaft von 2016 acht Mannschaften gegeneinander an. Der Präsident der Liga, der pensionierte Vatikan-Gendarm Domenico Ruggiero, stellte klar: „Wir spielen zum Spaß, weil wir Arbeitskollegen sind. Jenseits vom Büro auf dem Fußballfeld wird der Zusammenhalt gestärkt, was sich auch wieder positiv auf die Zusammenarbeit am Arbeitsplatz auswirkt. Das Spiel im Team schweißt zusammen, es zwingt dich, zusammenzuarbeiten. Viele Kollegen arbeiten ja nicht im Vatikanstaat selbst, sondern in extraterritorialen Einrichtungen des Vatikan in der ganzen Stadt. Wir würden uns nie über den Weg laufen, wenn wir nicht zusammen spielen würden. So wird die Vatikanfamilie größer und stärker."

Wenn es nach Domenico Ruggiero ginge, sollte jede einzelne Kirchengemeinde eine Gelegenheit für Sport bieten: „In meiner Kindheit war Rom voll mit Sportplätzen, auch wenn sie nicht so die Qualität von heute hatten. Ich hatte das große Glück, auf dem Sportplatz von St. Peter zu spielen, wo heute die Audienzhalle steht. Der Platz war asphaltiert. Ich sag Ihnen nicht, wie wir uns nach dem Spiel fühlten, der heilige Lazarus hätte sich vor uns verneigt. Aber es war einfach großartig. Alle Gemeinden Roms hatten einen Platz für Kinder, wo sie Sport treiben konnten. Mit den Jahren sind viele dieser Plätze heruntergekommen, aus Mangel an Geld und Personal. Es wäre schön, wenn wir irgendwann wieder in die Zeit zurückkehren könnten, als jede Kirchengemeinde einen Fußballplatz hatte. Ich sehne mich dahin zurück, mir hat das geholfen, nicht auf die schiefe Bahn zu geraten."

Im Juni 2016 berichtete *Der Schweizergardist* anlässlich der Fußball-Europameisterschaft in Frankreich von einer „Fanmeile im Gardequartier". Der kleine Hof der Kaserne wurde für Fernsehübertragungen des Fußballereignisses genutzt. Und so versammelte man sich unter freiem Himmel zu einem Glas Wein oder auch zu einer Flasche Bier, die praktischerweise im Brunnen des Hofes kühl gestellt wurde. Da die in der Kaserne geltende Quartierruhe eingehalten werden musste, galt es bisweilen in die Mensa auszuweichen.

Die Zeitschrift der päpstlichen Leibwache teilte ihrer Leserschaft mit: „Hellebardier Hobi organisierte vor der Europameisterschaft ein Tipp-Spiel, bei welchem 20% des Gewinnes für gute Zwecke gestiftet werden sollte. Viele machten mit, auch noch während des Auftaktspieles kamen einige, um ihre Tipps abzugeben. Am Schluss zeigte sich, dass nur Hellebardier Voirol mit dem Überraschungssieger Portugal auf die richtige Mannschaft gesetzt hatte."

Vom 23. Juli bis 31. Juli weilte der *FC Guardia* in Regensburg (Deutschland). Die dortige Diözese hatte den Fußballverein der Schweizergarde zu einem Freundschaftsspiel gegen eine Bayerische Klerusauswahl eingeladen. Zwei Jahre zuvor war es zwischen den beiden Kontrahenden schon einmal zu einer Begegnung gekommen, damals jedoch in der Ewigen Stadt. Bei dem Match musste die Klerikerauswahl nach einer respektablen Leistung mit einer 3:2-Niederlage den Kürzeren ziehen.

Zum Spiel in Regensburg hieß es aus der Garde: „Um 15 Uhr liefen die beiden Mannschaften mit einem Altersunterschied von durchschnittlich 20 Jahren bei strahlendem Wetter auf den Platz. Nach dem Wimpeltausch und der Präsentation der jeweiligen Mannschaften wurde das Spiel angepfiffen. In der ersten Halbzeit waren sich die Mannschaften ebenbürtig, und der *FC Guardia* konnte sogar mit einer 2:1-Führung in die Pause gehen. Erstaunlicherweise fehlte den jungen Gardisten in der zweiten Halbzeit die Ausdauer, und die gut eingespielte Klerusauswahl, die technisch den Gardisten überlegen war, konnte mit ihrer Routine schlussendlich die Partie mit einem 4:2-Sieg für sich entscheiden. Es war ein faires Spiel mit lockerer Stimmung unter Freunden, das von circa 100 Personen mitverfolgt wurde."

Nach 30 Jahren schied 2016 Hauptmann Frowin Bachmann, ein Fußballer *par excellence,* aus dem Dienst der Päpstlichen Schweizergarde aus. Bei seiner offiziellen Verabschiedung hob Gardekommandant

Christoph Graf eigens hervor: „Den Ausgleich zum Dienst fand Frowin Bachmann im Sport. Von Anfang an engagierte er sich als aktiver Spieler beim *FC Guardia*. Später übernahm er auch die Verantwortung und organisierte viele Begegnungen mit Mannschaften aus Rom oder aus dem Ausland. Er setzte sich auch ein, dass unsere Mannschaft bei der Vatikanmeisterschaft vertreten war. Erfolgreich oder weniger erfolgreich, das Problem war die große Personalfluktuation und die mangelnde Zeit für ein regelmäßiges Training."

Am 14. November 2016 empfing Papst Franziskus die deutsche Fußballnationalmannschaft in der *Sala Clementina* des Apostolischen Palastes. In seiner Ansprache an die Spieler hob er lobend hervor: „Ich habe oft sagen gehört, dass eure Siege Mannschaftssiege sind. ‚La Mannschaft' ist daher eine Definition für euer Team geworden. Der Leistungssport verlangt nämlich nicht nur viel Disziplin und persönliche Opferbereitschaft, sondern auch Achtung vor dem anderen und Teamgeist. Das macht euch als ‚Mannschaft'erfolgreich und lässt euch eure Verantwortung jenseits des Spielfelds wahrnehmen gerade für die jungen Menschen, denen ihr oft als Vorbild dient".

Der Papst dankte der Nationalmannschaft auch für ihren sozialen Einsatz: „Besonders dankbar bin ich für eure Unterstützung der Sternsinger, um Kindern und Jugendlichen aus den ärmsten Ländern konkret zu helfen. Diese Initiative zeigt, dass wir gemeinsam scheinbar unüberwindliche Grenzen, die notleidende und an den Rand gedrängte Menschen benachteiligen, überwinden können. Auch auf diese Weise tragt ihr zum Aufbau einer gerechteren und solidarischeren Gesellschaft bei."

Anfang 2019 vermeldete das päpstliche Nachrichtenportal *Vatican News* eine kleine Sensation: „Fußball — ein reiner Männersport? Im Vatikan nicht mehr. Das päpstliche Frauenfußballteam hatte 2018 seinen ersten Auftritt und trainiert derzeit für sein erstes Auslandsspiel ... Dienstagabend auf einem Sportplatz unweit des Vatikans: Hier dribbeln, attackieren und verteidigen sie, die Vatikanfrauen, die in einigen Wochen ihr Auslands-Debüt geben. Weiße Shorts, gelbe Shirts, was sonst? Die Farben des Papst-Staates kennzeichnen die Trikots der Spielerinnen aus dem Vatikan. Viel Einsatz ist zu sehen und viel Lust aufs Lernen der rechten Technik."

Trainer der ungewöhnlichen Mannschaft wurde Gianfranco Guadagnoli, ein Mitarbeiter der Vatikan-

Post, der über eine Lizenz als Fußballtrainer verfügt „Begonnen haben wir mit vier Spielerinnen, dann sechs, jetzt sind es zwölf", erzählte er der Vatikanjournalistin Gudrun Sailer. Sportliche Frauen seien sie alle, aber Neulinge in dieser Disziplin. „Und Fußball trainieren, das heißt, die ersten Tage tut alles weh. Aber sie lassen nicht locker …!"

Einer der „Geburtshelfer" des vatikanischen Frauenfußballteams heißt Danilo Zennari. „Ich arbeite seit 22 Jahren im Vatikan, und in der Zeit hat sich die Zahl der weiblichen Angestellten verdoppelt", erzählt er. „Der vatikanische Männerfußballklub existiert seit 47 Jahren. Da habe ich mir gesagt, vielleicht ist es an der Zeit, einen vatikanischen Frauenfußballklub zu gründen." Ähnliches dachte zur selben Zeit Susan Volpini, eine Angestellte im vatikanischen Wirtschaftssekretariat und Mitbegründerin des vatikanischen Frauenvereins *Donne in Vaticano*. Gemeinsam hoben die beiden das päpstliche Damenfußballteam aus der Taufe.

Ein Naserümpfen an der Kurie? „Ehrlich gesagt nein", so Zennari. „Überraschung gab es schon. Auch weil in der allgemeinen Vorstellung Fußball eine Männersache ist. Aber irgendeinen Vorbehalt haben wir nicht bemerkt. Wir wurden sogar ermutigt!" Fast 1000 Frauen arbeiteten heute im Vatikan, das entspräche gut 20 Prozent aller Papst-Angestellten. Der Frauenfußball könnte noch ein wenig populärer werden, merkte Susan Volpini an. Derzeit zähle der Klub 25 Angehörige: Frauen, die selbst für den Papst arbeiten, sowie Ehefrauen oder Töchter von Vatikanangestellten.

Dass es Frauenfußball im Vatikan gibt, findet eine Angestellte des vatikanischen Supermarkts „eine super Initiative". „Der Vatikan ist ja doch eher eine Männerdomäne, und hier kommt ein anderes Bild von uns Frauen zum Tragen." Sie ist überzeugt: „Wir sind ein Zeichen für die Zukunft! Das wird in den Geschichtsbüchern stehen — die ersten Frauenfußballerinnen des Vatikan!"

Doch ein weiterer historischer Schritt wurde anders gesetzt als erwartet. Für den 22. Juni war ein erstes Auslandsspiel mit dem *FC Mariahilf* in Wien angesagt.

„Nach einem gemeinsamen Gottesdienst und einer Segnung des Sportplatzes sollte das Freundschaftsspiel am frühen Nachmittag stattfinden. Doch während die Hymnen erklangen, zeigten einige der Spielerinnen die auf ihren Körper gepinselten Botschaften [Gemalte Eierstöcke und Pro-Abtreibungs-Slogans]. Auch ein paar Teilnehmer im Publikum wollten sich die Gelegenheit zu etwas Aufmerksamkeit nicht entgehen lassen und hatten Transparente entrollt, auf denen Regenbogenfarben und anti-homophobe Sprüche zu sehen waren. Unter den Zuschauern befand sich auch der neue Nuntius in Österreich, Erzbischof Pedro Lopez Quintana. Angesichts der unpassenden Provokationen entschieden sich die Vatikanspielerinnen das Match abzusagen."

Die vatikanische Frauenorganisation *D.VA* („Frauen im Vatikan") äußerte sich zu dem Vorfall, der zum Abbruch des Fußballmatches geführt hatte. „Nach dem hässlichen Vorfall" müsse sie ihre „Missbilligung" und ihr „Bedauern" zum Ausdruck bringen. Die Kickerinnen des Vatikan hätten sich gezwungen gesehen, die Partie wegen „inopportuner und bedauernswerter" Provokationen abzusagen. Diese Instrumentalisierung einer sportlichen Begegnung habe nicht nur das gegnerische Team — und somit auch den Vatikan selbst — beleidigt, sondern auch der Idee des Sports Schaden zugefügt. „Eine Fußballpartie auszunutzen, um mit Gesten, Parolen und Transparenten die bekannten Positionen der Katholischen Kirche zum Lebensschutz und zur Sexualität anzugreifen, war in der Tat eine höchst unpassende Wahl", so die *D.VA*.

Covid-19 machte vor den Toren des Kirchenstaates nicht halt. Im ersten Pandemiejahr 2020 musste sich auch die Päpstliche Schweizergarde auf neue Gegebenheiten einstellen: „Ab Anfang Mai waren chirurgische Schutzmasken für den Dienst an den Eingängen zum Vatikan vorgeschrieben. Das Abstandhalten hinderte die Gardisten jedoch nicht daran, den Geist der Kameradschaft auch in Krisenzeiten zu pflegen. Aufmunterung und Fröhlichkeit sind in Zeiten der Isolation wichtiger denn je, Einfallsreichtum und Kreativität jedoch auch", hieß es aus der Garde. Die gewohnten Fußballpartien fanden nicht statt. Doch es wurde stolz von einem „Fußball-Tennis im Ehrenhof" berichtet.

Vatikanische Turniere wurden gecancelt. Um die Ausbreitung des Virus einzudämmen, sah sich der Vatikan zu dieser notwendigen Maßnahme gezwungen. Auch die 14. Auflage des *Clericus Cup* musste auf unbestimmte Zeit verschoben werden — 16 Mannschaften hätten ursprünglich gegeneinander antreten sollen.

Dann 2021 wieder Lichtblicke für die vatikanische Fußballwelt. Am 23. Juni erhielt die Päpstliche Schweizergarde Besuch von der eidgenössischen *Nati*, der Schweizer Fußball-Nationalmannschaft. Im

Ehrenhof der Garde wurde die *Nati* von Oberst Christoph Graf, dem Kommandanten der päpstlichen Leibwache, begrüßt. Dominque Blanc, der Präsident des Schweizer Fussballverbandes, wandte sich mit einer kurzen Rede an die Gardisten und die Nationalspieler. Er hob hervor, dass beide Botschafter der Schweiz im Ausland seien und für gemeinsame Werte wie Solidarität, Freude und Respekt ständen.

Die Garde ermöglichte ihrer *Nati* einen Blick in die Räumlichkeiten der Kaserne und die *Armeria* (Waffenkammer) mit ihren Uniformen, Rüstungen und Waffen aus fünf Jahrhunderten. Die Gardisten informierten ihre Gäste über die Geschichte und den Alltag der Leibwache des Papstes. Im Gegenzug bekamen sie die Möglichkeit, sich mit den Fußballern zu unterhalten und sich Autogramme zu holen. Abschließend bekam Oberst Graf ein *Nati*-Shirt sowie ein Bild der Spieler mit ihren Unterschriften überreicht. „Letzteres hängt nun in der Mensa der Kaserne“, verkündete stolz eine Mitteilung der Garde.

Der Sommer brachte eine Überraschung für die Fans des päpstlichen Fußballs. Der Shop der Vatikanischen Museen bot das offizielle Trikot der vatikanischen Auswahl-Mannschaft zum Erwerb an. Es kostet 37 Euro und ist in unterschiedlichen Größen erhältlich. Ein beträchtlicher Teil des Verkaufserlöses kommt wohltätigen Zwecken zugute. Neben dem Trikot zählen auch Rucksäcke und Basecaps (Baseball-Kappen) mit dem Wappen des Vatikans zu der „Fußball-Kollektion“ des Vatikanstaates.

Im Herbst des Jahres wurde für 2021/2022 ein neues vatikanisches Pokalturnier mit acht Teilnehmern angekündigt: Teams des Apostolischen Archivs, der Dombauhütte von Sankt Peter, der Angestellten des Supermarktes und der Tankstelle, des vatikanischen Gendarmeriekorps, der Päpstlichen Schweizergarde, der Vatikanischen Museen, der Vereinigung *Santi Pietro e Paolo* (Ex-Palatingarde) und des päpstlichen Kinderkrankenhauses *Bambino Gesù*. Die erste Partie des *Coppa Vaticana* fand im November statt.

Am 21. November 2021 bestritt das vatikanische Fußballteam *Fratelli tutti* ein Benefizspiel gegen eine Auswahl der Welt-Roma-Organisation. Namensgeber des Fußballteams war das päpstliche Rundschreiben *Fratelli tutti,* das Papst Franziskus 2000 der „Geschwisterlichkeit und sozialen Freundschaft“ gewidmet hatte. Und so versammelte sich eine Mannschaft aus Schweizergardisten, Vatikanangestellten, Priestern, drei Migranten und einem Spieler mit

Down-Syndrom auf dem Rasen. Sie trat gegen eine Auswahl der Roma an, um ein deutliches Zeichen gegen Diskriminierung zu setzen.

Angeregt hatte das Benefizspiel die in Zagreb beheimatete Roma-Organisation. Nach einem Papstbesuch in einer Roma-Siedlung im slowakischen Košice hatte man sich mit einem entsprechenden Vorschlag an Papst Franziskus gewandt. Spenden, die am Rand des Spieles gesammelt wurden, gingen an ein Integrationsprojekt für Roma der Diözese Rom. Als Schiedsrichter der Partie konnte Italiens Nationalstürmer und früherer *BVB*-Spieler Ciro Immobile gewonnen werden. Der Kapitän des Traditionsclubs *Lazio Roma* bestimmmte zwei seiner Teamkollegen als Linienrichter. *Lazio Rom* stellte auch den Fußballplatz zur Verfügung; gekickt wurde auf dem Trainingsgelände in Formello bei Rom. Das Match ging dann unentschieden — 7:7 — aus.

Der italienische Sportartikelhersteller *Errea* hatte ein spezielles Trikot für das Team *Fratelli Tutti* geschaffen. Es war in Gelbgold mit weißen Schultern und Ärmeln gehalten; die Logos und der Kragen waren von schwarzer Farbe. Die Tiara (Papstkrone) mit den gekreuzten Schlüsseln prangte auf der linken Seite der Brust, rechts das *Errea*-Logo. Die Mitte des Trikots zierte der Schriftzug *Fratelli Tutti.*

Im Jahr der Weltmeisterschaft 2022 sind die vatikanischen Fußballteams angetreten, den gewohnten „Spielbetrieb“ wieder aufzunehmen — in der Hoffnung, weniger Einschränkungen zu unterliegen.

Für Papst Franziskus ist Fußball nicht nur „die schönste Sportart der Welt“. Er sieht in dem Mannschaftssport ein Beispiel für Teamgeist, für ein solidarisches Einstehen in der menschlichen Gesellschaft — in Übereinstimmung mit den Prinzipien des Christentums, ja von ihnen sogar gefordert. „Fußball ist ein Mannschaftssport, alleine macht er keinen Spaß. Wenn Fußball so gelebt wird, ist er gut für das Herz und den Kopf.“ Dies sei besonders wichtig in einer Gesellschaft, „in der Einseitigkeit immer wichtiger wird, die Fixierung auf das eigene Ich fast zum absoluten Prinzip.“

Von Papst Franziskus stammt auch der bemerkenswerte Ausspruch: „Betet bitte für mich, damit ich nicht aufhöre, mit Gott zu trainieren.“

ANSPRACHEN VON PAPST FRANZISKUS

AN DIE FUSSBALLMANNSCHAFTEN ARGENTINIENS UND ITALIENS

Sala Clementina,
Dienstag, 13. August 2013

Liebe Freunde!

Ich danke Ihnen für diesen Besuch aus Anlass des Freundschaftsspiels zwischen den Fußballnationalmannschaften von Italien und Argentinien. Es wird mir etwas schwerfallen, für eine der beiden Mannschaften zu sein, aber zum Glück ist das ja ein Freundschaftsspiel … und das soll wirklich so sein, denken Sie daran! Ich danke den Vorständen des Italienischen und auch des Argentinischen Fußballverbandes. Ich begrüße die Sportler beider Nationalmannschaften. Sie, liebe Fußballer, sind sehr populär: die Menschen verfolgen Sie aufmerksam, nicht nur auf dem Spielfeld, sondern auch außerhalb. Das ist eine gesellschaftliche Verantwortung!

Genauer: Im Spiel, wenn Sie auf dem Feld sind,

zeigen sich Schönheit, Selbstlosigkeit und Kameradschaft. Wenn einem Spiel das fehlt, dann verliert es an Kraft, auch wenn die Mannschaft gewinnt.

Es ist kein Platz für Individualismus, sondern alles ist Koordination für die Mannschaft. Diese drei Dinge: Schönheit, Selbstlosigkeit und Kameradschaft sind vielleicht in einem Begriff des Sports zusammengefasst, den man nie aufgeben darf: „Amateur". Es ist wahr, dass die nationale und die internationale Organisation den Sport professionell macht, und das muss so sein, aber diese professionelle Dimension darf nie die ursprüngliche Berufung eines Sportlers oder einer Mannschaft außer Acht lassen: „Amateur" zu sein. Ein Sportler tut der Gesellschaft auch als Profi gut, wenn er diese Dimension des „Amateurs" pflegt, er baut das Gemeinwohl auf — ausgehend von den Werten der Selbstlosigkeit, der Kameradschaft, der Schönheit.

Und das führt Sie dazu, daran zu denken, dass Sie, noch bevor Sie Champions sind, Menschen sind, menschliche Wesen mit Vorzügen und Fehlern, mit Ihren Herzen und Ihren Ideen, mit Ihren Wünschen und Ihren Problemen. Und auch wenn Sie öffentliche Persönlichkeiten sind, bleiben Sie immer Menschen, im Sport und im Leben. Menschen, Träger von Menschlichkeit. Den Mitgliedern des Vorstands möchte ich ein Wort der Ermutigung für ihre Arbeit aussprechen.

Sport ist wichtig, aber es muss wahrer Sport sein! Fußball ist wie andere Disziplinen auch ein großes Geschäft geworden. Setzen Sie sich dafür ein, dass er den sportlichen Charakter nicht verliert. Auch Sie unterstützen diese Haltung des „Amateurs", die schließlich auch die Gefahr der Diskriminierung beseitigt. Wenn die Mannschaften diesen Weg gehen, dann wird das Stadion menschlich bereichert, die Gewalt verschwindet und man beginnt, wieder Familien auf den Tribünen zu sehen.

Ich erinnere mich, dass wir als Kinder mit der ganzen Familie ins *Gasómetro*-Stadion gegangen sind, wir sind mit der Familie gegangen, Vater, Mutter und Kinder. Wir kehrten glücklich nach Hause zurück, selbstverständlich, vor allem während der Saison von 1946! Wir werden sehen, ob jemand von Ihnen es schafft, ein Tor zu schießen wie das von Pontoni damals, ja? Ganz besonders grüße ich den Vorstand und die Spieler aus Argentinien. Danke für diesen Besuch, der mich sehr freut.

Ich bitte Sie, den Sport als Geschenk Gottes zu leben, als eine Gelegenheit, seine Talente Frucht bringen zu lassen, aber auch als eine Verantwortung. Liebe Spieler, ich möchte Sie besonders daran erinnnern, dass Sie mit Ihrem Verhalten, sowohl auf dem Spielfeld wie auch außerhalb, im Leben, ein Bezugspunkt sind. Am vergangenen Sonntag habe ich mit einigen jungen Männern einer Gruppe telefoniert, die mich grüßen wollten. Ich habe etwa eine halbe Stunde mit ihnen geplaudert, und selbstverständlich war das große Thema dieser Jungen das morgige Fußballspiel.

Sie haben einige von Ihnen erwähnt und sagten: „Nein, dieser gefällt mir deswegen, der andere deswegen und dieser deswegen.“ Sie sind ein Vorbild, ein Bezugspunkt. Das Gute, das Sie bewirken können, ist großartig. Mit ihrem Verhalten, ihrem Spiel, ihren Werten tun Sie Gutes, die Menschen blicken auf Sie. Nutzen Sie es, um das Gute zu säen! Auch wenn Sie sich dessen nicht bewusst sind, für viele Menschen, die mit Bewunderung auf Sie blicken, sind sie ein Vorbild, im Guten wie im Schlechten. Seien Sie sich dessen bewusst und geben Sie ein Beispiel der Loyalität, der Achtung und des Altruismus.

Sie sind auch Urheber von Verständnis und sozialem Frieden, die wir so sehr brauchen. Sie sind ein Bezugspunkt für viele Jugendliche und ein Beispiel für im Leben verkörperte Werte. Ich zähle auf all das Gute, das Sie unter der Jugend bewirken können.

Liebe Freunde, ich bete für Sie, dass Sie diese so

edle Berufung des Sports weitertragen können. Ich bitte den Herrn, dass er Sie segne, und die Jungfrau Maria, dass sie Sie behüten möge. Und bitte, ich bitte Sie, dass Sie für mich beten, damit auch ich auf dem „Spielfeld", auf das Gott mich gestellt hat, eine aufrichtige und mutige Partie zum Wohl von uns allen spielen kann. Danke.

Quelle: www.vatican.va

AN DIE TEILNEHMER UND ORGANISATOREN DES „INTERRELIGIÖSEN FUSSBALLSPIELS FÜR DEN FRIEDEN“

Aula Paolo VI
Montag, 1. September 2014

Liebe Freunde, guten Abend!

Ich freue mich über diese Begegnung mit euch aus Anlass des „Interreligiösen Fußballspiels für den Frieden“, das ihr heute Abend im römischen Olympiastadion austragen werdet. Ich danke euch, dass ihr meinen Wunsch bereitwillig angenommen habt, Spitzensportler und Trainer verschiedener Länder und unterschiedlicher Religionen in einem sportlichen Wettkampf vereint zu sehen, um Brüderlichkeit und Freundschaft zum Ausdruck zu bringen. Mein Dank gilt vor allem den Menschen und Institutionen, die zur Verwirklichung dieser Veranstaltung beigetragen haben. Ich denke vor allem an die *Scholas occurrentes*, die an die Päpstliche Akademie der Wissenschaften angeschlossen ist, und an die „Stiftung PUPI Onlus“.

Das Spiel heute Abend wird sicherlich eine Gelegenheit sein, um Spenden zur Unterstützung der Solidaritätsprojekte zu sammeln, aber vor allem gibt es Anlass, um über die universalen Werte nachzudenken, die der Fußball und der Sport allgemein fördern können: Loyalität, Teilen, Annahme, Dialog, Vertrauen in den anderen. Es handelt sich um Werte, die allen Menschen gemeinsam sind, unabhängig von ethnischer Herkunft, Kultur und religiöser Überzeugung. Mehr noch, das Sportereignis des heutigen Abends ist eine tief symbolische Geste, um verständlich zu machen, dass es möglich ist, die Kultur der Begegnung und eine Welt des Friedens aufzubauen, in der die Gläubigen verschiedener Religionen unter Wahrung ihrer Identität — denn wenn ich sage „unabhängig von", dann heißt das nicht „absehen von", nein, Gläubige verschiedener Religionen unter Wahrung ihrer Identität — in Harmonie und gegenseitigem Respekt zusammenleben können.

Wir alle wissen, dass der Sport und insbesondere der Fußball ein menschliches und gesellschaftliches Phänomen ist, das große Bedeutung für die Sitten und die zeitgenössische Mentalität hat und diese stark beeinflusst. Die Menschen, vor allem die Jugendlichen, blicken mit Bewunderung auf eure sportlichen Fähigkeiten: Es ist wichtig, ein gutes Beispiel zu geben sowohl auf dem Spielfeld als auch außerhalb. In den Sportwettkämpfen seid ihr aufgerufen zu zeigen, dass der Sport Lebensfreude, Spiel und Fest ist, und als solcher muss er gefördert werden durch die Wiedergewinnung des Prinzips der Unentgeltlichkeit, durch seine Eignung, Bande der Freundschaft zu knüpfen, und durch die Offenheit füreinander. Auch mit euren alltäglichen, von Glauben und Spiritualität, von Menschlichkeit und Altruismus geprägten Haltungen könnt ihr Zeugnis geben für die Ideale eines friedlichen zivilen und sozialen Zusammenlebens, für den Aufbau einer auf Liebe, Solidarität und Frieden gegründeten Gesellschaft. Und das ist die Kultur der Begegnung: auf diese Weise arbeiten.

Möge die Begegnung des Fußballspiels am heutigen Abend allen Teilnehmern neu zu Bewusstsein bringen, dass es notwendig ist, sich dafür einzusetzen, dass der Sport einen wertvollen und fruchtbaren Beitrag zur friedlichen Koexistenz aller Völker leisten kann, da er jede Art von Diskriminierung aufgrund von Hautfarbe, Sprache oder Religion ausschließt. Ihr wisst, dass Diskriminierung ein Synonym für Verachtung sein kann. Diskriminierung ist Verachtung, und ihr sagt heute mit diesem Fußballspiel „Nein“ zu jeder Art von Diskriminierung. Insbesondere die Religionen sind aufgerufen, Mittler des Friedens und niemals des Hasses zu sein, weil man im Namen Gottes immer und nur die Liebe bringen kann. Religion und Sport, in dieser rechten Weise verstanden, können zusammenarbeiten und der ganzen Gesellschaft beredsame Zeichen jener neuen Zeit schenken, in der die Völker „nicht mehr das Schwert ziehen werden, Volk gegen Volk" (vgl. Jes 2,4).

Aus dem so bedeutsamen und einzigartigen Anlass des heutigen Fußballspiels möchte ich euch allen folgende Botschaft mit auf den Weg geben: Macht eure Herzen weit, von Brüdern zu Brüdern! Das ist eines der Geheimnisse des Lebens: das Herz von Brüdern zu Brüdern weit machen, und das ist auch die tiefstes und wahrste Dimension des Sports. Danke.

Quelle: www.vatican.va

AN DIE TEILNEHMER DES TREFFENS, DAS DIE SPORTZEITUNG *LA GAZZETTA DELLO SPORT* UND DER ITALIENISCHE FUSSBALL-VERBAND ORGANISIERT HABEN

Audienzhalle,
Freitag, 24. Mai 2019

Liebe Brüder und Schwestern,
guten Tag!

Ich grüße euch alle und danke dem Präsidenten für seine freundlichen Worte. Ich soll jetzt eine fünfseitige Ansprache verlesen. Was meint ihr dazu … ja oder nein? Wer ist dafür, dass ich sie nicht lese und dem Präsidenten übergebe: Wer ist dafür, dass ich sie nicht lese? … Und wer ist dafür, dass ich sie lese? … Also hört zu, es sind fünf Seiten, ihr müsst nun still sein … Fangen wir an.

Wenn ich euch sehe — und vor allem, als ich euren freudigen Ruf hörte [die „Stadionwelle"], so als hätte ich ein Tor geschossen — muss ich an das denken, was der heilige Johannes Bosco, der Erfinder der Oratorien, gern seinen Erziehern sagte: „Wollt ihr junge Leute hier? Dann werft einen Ball in die Luft, und bevor er den Boden berührt, werdet ihr sehen, wie viele sich genähert haben!“ Wir können sehr wohl sagen, dass hinter einem rollenden Ball fast immer ein Junge mit seinen Träumen und seinen Bestrebungen, mit seinem Leib und seiner Seele steckt. Bei einer sportlichen Aktivität sind nicht nur die Muskeln beteiligt, sondern die gesamte Persönlichkeit eines Jungen, in all ihren Dimensionen, auch in den tiefsten. Tatsächlich sagt man von jemandem, der sich sehr engagiert: „Er setzt sich mit Leib und Seele ein.“ Alles ist mit einbezogen bei jener Arbeit, bei jenem Sport.

Der Sport ist eine großartige Chance, um zu lernen, sein Bestes zu geben, mit Opferbereitschaft und Engagement, vor allem aber nicht allein. Hört gut hin: der Sport wird nicht allein betrieben. Wir leben in einer Zeit, in der es auch aufgrund der massiven Präsenz neuer Technologien leicht ist, sich selbst zu isolieren, virtuelle Bindungen mit vielen zu knüpfen, aber dabei auf Distanz zu bleiben. Verbindungen, aber alleine. Das Schöne daran, mit einem Ball zu spielen, besteht darin, es zusammen mit anderen tun zu können, indem man ihn sich mitten auf dem Platz zuspielt und lernt, Spielaktionen aufzubauen, als Mannschaft zusammenzuwachsen … Der Ball wird zu einem Mittel, um reale Menschen einzuladen, Freunde zu werden, sich an einem Ort zu treffen, sich ins Gesicht zu schauen, sich herauszufordern, um die eigenen Fähigkeiten auf die Probe zu stellen.

Liebe Freunde: der Fußball ist ein Mannschaftssport, man kann sich damit nicht alleine vergnügen! Und wenn er so gelebt wird, kann er wirklich auch dem Kopf und dem Herzen guttun, in einer Gesellschaft, die den Subjektivismus, das heißt die zentrale Stellung des eigenen Ich, zum Äußersten treibt, als sei es ein absolutes Prinzip. Fußball ist ein Mannschaftsspiel, und das tut uns allen gut. Viele bezeichnen den Fußball als „das schönste Spiel der Welt". Ich denke genauso [Applaus], aber das ist eine persönliche Meinung. Doch oft hören wir die Leute auch sagen: „Der Fußball ist kein Spiel mehr!" Leider werden wir Zeugen von Phänomenen, die seine Schönheit beeinträchtigen, selbst im Jugendfußball, auf dem Spielfeld oder am Spielfeldrand. Man sieht zum Beispiel gewisse Eltern, die sich in Hooligans verwandeln, oder in Manager, in Trainer …

Ich möchte betonen, dass euer Verband „Italienischer Verband … des Fußballs?" heißt … Nein: „des Fußballspiels": da steht tatsächlich das Wort „Spiel".

Aber manchmal wird dieses Wort vergessen und vielleicht — insgeheim — durch weniger kohärente Worte ersetzt, wenn nicht gar durch Worte, die ganz im Widerspruch zum eigentlichen Ziel stehen. Dagegen handelt es sich um ein Spiel, und das muss es auch bleiben! Der Fußball ist ein Spiel: wollen wir es gemeinsam wiederholen? Der Fußball ist ein Spiel [alle wiederholen es]. So ist es. Vergesst das nicht: der Fußball ist ein Spiel. Eines Tages fragte eine Journalistin eine Theologin, wie man einem Kind das Glück erklären könne. Es ist nicht einfach, einem Kind das Glück zu erklären. Die Theologin antwortete: „Ich würde es nicht erklären, ich würde ihm einen Ball zum Spielen geben." Darin besteht das Glück.

Spielen macht glücklich, weil man seine Freiheit zum Ausdruck bringen kann, auf spielerische Art nimmt man an einem Wettkampf teil, man lebt einfach eine Zeit der Unentgeltlichkeit … warum? Warum wohl? … Weil es einem einfach gefällt, Fußballspielen gefällt, man verfolgt einen Traum, ohne jedoch unbedingt ein Champion zu werden. Auch die Charta der Rechte der Kinder bekräftigt bezüglich des Sports das Recht eines jeden Kindes, „kein Champion" sein zu müssen (Art. 10). Es ist ein Recht, zu spielen, und ich habe das Recht, kein Champion zu werden, aber ich habe das Glück zu spielen.

Liebe Eltern, ich ermahne euch, euren Kindern diese Mentalität zu vermitteln: das Spiel, die Unentgeltlichkeit, den Gemeinschaftssinn … Sie in schwierigen Momenten zu ermutigen, insbesondere nach einer Niederlage … Und ihnen dabei zu helfen, zu verstehen, dass die Reservebank keine Demütigung ist, sondern eine Gelegenheit, um zu wachsen, und eine Chance für jemand anderen. Damit sie immer Geschmack daran finden, ihr Bestes zu geben, denn jenseits des Spiels ist da das Leben, das auf sie wartet. Bei dieser erzieherischen Aufgabe, liebe Eltern, lade ich euch ein, euch darum zu bemühen, euch mit dem Sportverein eurer Kinder zu verbünden, insbesondere mit den Trainern. Jemanden zu trainieren ist eine Art Begleitung, als führe man auf dem Weg hin zu einem Mehr und zu etwas Besserem. Man trainiert, um seine körperlichen Qualitäten und Techniken zu verbessern, um sich so den Herausforderungen stellen zu können. Bei diesem Abenteuer spielt ihr Trainer eine wichtige Rolle, denn ihr seid maßgebliche Bezugspersonen für die Kinder, die ihr trainiert: mit euch verbringen sie viel Zeit in einer Aktivität, die sie mögen und die sie befriedigt, und ihr seid „anders positionierte“ Figuren im Vergleich zu den Eltern. Alles, was ihr sagt und tut, die Art, wie ihr es sagt und tut, wird zu einer Lektion für eure

Athleten, das heißt: es wird einen unauslöschlichen Eindruck in ihrem Leben hinterlassen, im Guten wie im Schlechten.

Jemand hat einmal gesagt, dass er auf dem Platz auf Zehenspitzen ging, um die heiligen Träume der Jungen nicht zu zertrampeln. Ich bitte euch, die Träume der euch anvertrauten Kinder nicht in leichte Illusionen zu verwandeln, die dazu bestimmt sind, bald mit den Grenzen der Realität in Konflikt zu geraten; unterdrückt ihr Leben nicht durch Formen der Erpressung, die ihre Freiheit und Vorstellungskraft beschneiden; lehrt sie, keine Hintertürchen zu benutzen, die nur dazu führen, sich im Labyrinth des Lebens zu verlieren. Vielmehr sollt ihr immer als Komplizen an dem Lächeln eurer Athleten teilhaben! Das ist schön: ein Komplize des Lächelns unserer Athleten sein.

Ein letztes Wort — ich bin fast fertig, seid beruhigt — ich möchte ein letztes Wort an die großen Fußballchampions richten, an denen sich diese jungen Athleten inspirieren. Vergesst nicht, wo ihr angefangen habt: auf einem Platz in der Peripherie, in einem Oratorium, in einem kleinen Verein … Ich wünsche euch, dass ihr immer Dankbarkeit für eure Geschichte verspürt, die aus Opfern, Siegen und Niederlagen bestand. Und auch die erzieherische Verantwortung verspürt, die durch Kohärenz im Leben und Solidarität mit den Schwächsten zu verwirklichen ist, um die Jüngeren dazu zu ermutigen, innerlich groß zu werden, und vielleicht auch Champions im Leben. Groß im Leben: das ist unser aller Sieg, das ist der Sieg von euch, die ihr Fußball spielt. Und an die Adresse der Manager: bitte bewahrt immer das „Amateurprinzip“, das eine Gesinnung ist ... Damit die Schönheit des Fußballs nicht in einem *do ut des* finanzieller Geschäfte endet. Vielen Dank! Ich segne euch alle. Und bitte, ich bitte euch, für mich zu beten. Danke. Nun werde ich euch den Segen erteilen. Nochmals vielen Dank!

Quelle: www.vatican.va

Literatur (in Auswahl)

Artusi, L., Calcio fiorentino. Storia, arte e memorie dell'antico gioco dalle origini ad oggi, Firenze 2016.

Bertone, T., Credere nello Sport, Torino 2020.

Bouvier, B. (Hrsg.), Zur Sozial- und Kulturgeschichte des Fußballs, Trier 2006.

Curry, G., The Making of Association Fotball: Two Decades which created the Modern Game, Newcastle-upon-Tyne 2021

Mattei, G.P., Cinture nere, raccette e bici per campioni dello Sport in Vaticano, in: L'Osservatore Romano, 3o agosto 2oo9.

FC Guardia: Sport und Kameradschaft, in: Der Schweizergardist, Nr. 1/2011, 15.

Bortoluzzi, F., FC Guardia trifft auf Bayern München, in: Der Schweizergardist, Nr. 1/2014, 7.

Graf, Chr., Abschied von Hptm Frowin Bachmann, in: Der Schweizergardist, Nr. 3/2016, 7-11.

Bortoluzzi, F. / Kremer, D., Fanmeile im Gardequartier während der Fußball-EM, in: Der Schweizergardist, Nr. 3/2016, 19-20.

Paggiola, F., Besuch des FC Guardia in Regensburg, in: Der Schweizergardist, Nr. 3/2016, 21.

Radovinovic, M., Torneo Ping-Pong, in: Der Schweizergardist, Nr. 2/2020, 45.

Meier, D. / Pelosi, R., Die Schweizergarde im Zentrum der

Coronavirus-Pandemie, in: Messaggero, Nr. 7/2020, 6-8.

Mattei, G., Als im Vatikan die „Paralympischen Sommerspiele“ erfunden wurden, in: L’Osservatore Romano, Wochenausgabe in deutscher Sprache, Nr. 35, 3. September 2021, 12 (Orig. ital. in OR, 21 und 23..8.2021).

Imholz, J., Die Schweizer „Nati“ zu Besuch im Gardequartier, in: Messaggero, Nr. 12/2021, 15.

Piccone, Fr., La storia del ‚Pio XII‘, auf: www.ilcittadino.ge.it, 22/10/2019.

Schweizergardist Imholz ist auch 4.-Liga-Kicker, auf: www.blick.ch, 16.06.2021

Die Nati besucht die Schweizergarde. Petkovic und Co. im Vatikan, auf: www.blick.ch, 23.06.2021

Weitere Bücher von Ulrich Nersinger im Verlag Petra Kehl

Tatort Konklave

Unter strengster Geheimhaltung vollzieht sich in der katholischen Kirche die Wahl eines neuen Papstes. Ulrich Nersinger gewährt einen Blick auf die weniger frommen Vorgänge rund um die Papstwahl in Geschichte und Gegenwart:
Gebunden, 160 Seiten

Sitting Bull und der Papst

Kurioses aus päpstlichen Gefilden
Wer sich mit dem Papsttum, dem Heiligen Stuhl und dem Vatikan beschäftigt, tritt in ein gut 2000 Jahre altes Universum ein, das einen fast unerschöpflichen Fundus von historischen Geschehnissen und Gegebenheiten in sich birgt. So manches davon erscheint „kurios“.
Broschiert, 208 Seiten

Schattenkrieg im Haus des Herrn

Katholische Kirche und Spionage
Mit ihrem weltumspannenden Netz von Nuntiaturen, die sensible Informationen an die Zentrale weiterleiten, bietet die katholische Kirche den staatlichen Nachrichtensammlern ein El Dorado. Doch auch die Kirche selbst hat sich immer wieder geheimdienstlicher Mittel bedient: gegen revolutionäre Umstriebe im Kirchenstaat sowie in Verfolgungszeiten.

Dem Glauben auf der Spur

Auf Pilgerschaft in der Ewigen Stadt

Keine andere Stadt besitzt eine so überwältigende Zahl von Heiligenstatuen und Madonnenbildern, keine verfügt über einen derart großen Reliquienschatz und keine weist so viele dem christlichen Gottesdienst geweihte Stätten auf wie Rom, die Ewige Stadt.

Aus dieser Fülle hat Ulrich Nersinger jene Orte ausgewählt, die auf die eine oder andere Weise das Evangelium eindrucksvoll verlebendigt haben - und es noch immer tun. Dazu greift er auf historische Erkenntnisse, kirchliche Überlieferungen und altehrwürdige Legenden zurück.

Broschiert, 125 Seiten

Die Arche Petri

Von großen und kleinen Tieren im Vatikan

Ob Elefanten, Krokodile und Pferde oder Schlangen, Läuse und Rüsselkäfer - Ulrich Nersinger erzählt aus dem schier unerschöpflichen Fundus seiner intimen Kenntnisse des Papsttums und der Kirchengeschichte Historien und Histörchen über große und kleine Tiere im Vatikan.

Broschiert, 94 Seiten